100 Mal 100 Wörter
Stephan Pörtner

Stephan Pörtner

100 Mal 100 Wörter

490 Vorwörter

Am Anfang war ein Cartoon. Stephan Pörtner lässt sich von ihm inspirieren und improvisiert mit Wörtern. Er spielt mit ihnen, bis langsam eine kleine Geschichte entsteht, feilt daran, bis sie über hundert Wörter zu einem eleganten Ende findet. Es sind Gedanken und Geschichten eines Flaneurs, der seine Umgebung beobachtet und sie zu einem Bild verdichtet. Wie in einem Cartoon eben. Einige weitere Geschichten folgen, aber die Idee droht sich zu verflüchtigen, solange sie nur auf Papier in einer Schreibtischecke abgelegt bleibt. Pörtner kommt mit der woz ins Gespräch, die ihm anbietet, seine Betrachtungen wöchentlich ins Netz zu stellen und gelegentlich auch abzudrucken. Anna Sommer entwirft ein Logo für «100 Wörter», und am 3. Juli 2008 erscheint die Erstausgabe unter dem Titel «Wachsende Schweden».

Die Protagonisten – Protagonistinnen sind selten – in Pörtners «100 Wörtern» tragen Namen, wie sie in der Deutschschweiz gelegentlich vorkommen. Sie heissen Albert Haubensack, Oskar

Kreuzer, aber auch mal Wladimir «Lenin» Dubach und Giorgio Steinbichler. Eine der wenigen wiederkehrenden Figuren ist Dr. Zinkweiss, der später Professor und ein «begnadeter Gastredner» wird. Alle anderen dürfen nur einmal eine Geschichte aus ihrem Leben erzählen.

Im Februar 2009 war Kevin Schaufelberger dran, der sich in «Nie mehr Pommschips» wiederfand und gar nicht erfreut war, was da über ihn oder einen gleichen Namens zu lesen war. Er drohte der woz umgehend mit rechtlichen Schritten und einem Anwalt, wenn die Geschichte nicht sofort vom Netz genommen werde. Pörtner schrieb eine artige Erklärung, die, wie vom Zufall gesteuert, hundert Wörter umfasste. Seither haben seine Protagonisten den Vornamen verloren und tragen immer abenteuerlichere Namen. Wir lesen also weiterhin charmante Alltagsbeobachtungen, die nicht selten in skurrile Sphären entschwinden, nur jetzt von Hubenschrot, Bruggenbacher, Mirkosanner und ähnlichen Zeitgenossen. Sie gümmeln weiterhin durch die Gegend, um Seen, durch Täler und über Alpenpässe, meiden aber Sport sonst weitgehend. Die Rauschenbarts und Rotzenbühls lamentieren gerne über das Wetter oder den Stau, hadern mit dem «urbanen Ennui» und den neuen Kommunikationsmitteln. Sie wirken oft dauergenervt und sind währschaft spiessig, besonders wenn sie auf dem Weg in die Ferien oder auf der Rückreise sind. Meistens nehmen sie den Zug, manchmal fahren sie gar nicht erst los, sondern bleiben einfach vor dem Fernseher sitzen und verdunkeln das Zimmer.

Der Krimiautor Pörtner färbt äusserst selten auf die «100 Wörter» ab, die Tagesaktualität auch nur in erträglichen Dosen, dafür scheint er ausgiebig die Ferien zu geniessen. Die Geburt seiner Tochter im April 2013, die er mit den schlichten Worten «Sie hat blaue Augen, ist 3380 Gramm schwer und 49 Centimeter lang. Wir sind alle wohlauf» mitteilte, ist auch nicht eingeflossen – und er nicht einer der «Schreibtischväter» geworden.

Pünktlich zu Weihnachten 2014 erscheint die 300. Geschichte von Pörtner. Eine vom Autor getroffene Auswahl von 100 Mal «100 Wörtern» ist in diesem Buch versammelt, aber alle bisher erschienenen sind auf der Website der woz nachzulesen. Und im neuen Jahr gehts weiter, wie der Autor versichert. Er geniesst es sichtlich, ohne redaktionelle Vorgaben der Fantasie ihren Lauf zu lassen.

Fredi Bosshard, 9. November 2014

Fussball und andere Randsportarten: Viel beachtet und gern gelesen sind die etwas anderen Sportkolumnen der woz. Die Texte von **Etrit Hasler** und **Pedro Lenz** bleiben zwar im Sport verankert, doch ihr Blick dabei ist stets auf die Gesellschaft gerichtet. Das macht ihre Fussballgeschichten, aber auch die Beobachtungen über Randsportarten wie das Sumoringen und Wrestling ebenso unterhaltsam wie unangenehm. Ein Büchlein, das für alle unangepassten Sportbegeisterten «ein absolutes Muss ist», wie der Exfussballprofi Andy Egli findet.

Bestellen Sie dieses kleine grossartige Werk für 15 Franken unter www.woz.ch/shop.

Es kann auch zusammen mit der Neuerscheinung «100 Mal 100 Wörter» – einer Sammlung der faszinierenden Kurzgeschichten aus exakt 100 Wörtern von Stephan Pörtner – bestellt werden. Im Päckli gibts die zwei Bücher für nur 25 statt 30 Franken.

Publikationen von Stephan Pörtner:
Mordgarten, APPLAUS VERLAG, Juni 2013,
ISBN 978-3-03774-056-9

*Bin gleich zurück. Komisches aus dem Leben von
Beat Schlatter*, ORELL FÜSSLI VERLAG, September 2012,
ISBN 978-3-280-05469-7

Stirb, schöner Engel, BILGERVERLAG, März 2011,
ISBN 978-3-03762-016-1

Köbi Santiago, BILGERVERLAG, August 2007,
ISBN 978-3-908010-89-0

Die Affären der Witwe oder Der Dopingdoktor,
herausgegeben von Vito von Eichborn, EDITION BOD,
März 2007, ISBN 978-3-8334-7768-3

Köbi Krokodil, KRÖSUS VERLAG, Oktober 2002,
ISBN 3-906647-12-9, E-Buch 978-3-906247-02-1

Kein Konto für Köbi, KRÖSUS VERLAG, Oktober 2000,
E-Buch ISBN 978-3-906247-01-4

Köbi der Held, KRÖSUS VERLAG, Oktober 1998, E-Buch
ISBN 978-3-906247-00-7

Zum Autor: Stephan Pörtner, geboren 1965 in Zürich, lebt als Schriftsteller und Übersetzer in Zürich, wo seine fünf Krimis mit Köbi Robert, dem Detektiv wider Willen, spielen. Für den letzten Band, «Stirb, schöner Engel», erhielt er den Zürcher Krimipreis. Im Sommer 2013 erschien der Genossenschaftskrimi «Mordgarten». Im Januar 2015 wird das Stück «Polizeiruf 117», das er gemeinsam mit Beat Schlatter geschrieben hat, im Theater am Hechtplatz uraufgeführt. Für das «Tagblatt der Stadt Zürich» schrieb er bisher drei Fortsetzungskrimis. Daneben verfasste er Hörspiele sowie eine Kolumne für das Strassenmagazin «Surprise». www.stpoertner.ch

Dank: Hundert Wörter würden nicht reichen, um allen zu danken, die dieses Buch ermöglicht haben. Darum stellvertretend herzlichen Dank an Claudia Gillardon, Fredi Bosshard, Franziska Meister, Silvia Süess und die ganze woz-Kulturredaktion, an die Unbekannten, die jeweils die Titel für die Geschichten schreiben, sowie an Nina und Malu Bachmann.

1. Auflage, Dezember 2014
© 2014 Genossenschaft infolink
woz Die Wochenzeitung, Zürich. www.woz.ch
Alle Rechte vorbehalten.

Illustration: Michel Casarramona, Zürich
Gestaltung: Müller+Hess, Basel
Korrektorat: Ulrike Frank, Zürich
Druck: cpi Ebner & Spiegel, Ulm

ISBN: 978-3-906236-11-7

Familie Wacholder

Drei Generationen Knechtschaft hatten die Familie Wacholder griesgrämig werden lassen. Der Vater schlug die Kinder, die Mutter schlief mit jedem Trottel, wie bei der Unterschicht so üblich. Sie gewannen jedoch eine Kreuzfahrt für die ganze Familie. Dabei fielen drei ihrer Blagen ins Wasser und wurden von einem Kraken gefressen. Sie bekamen drei Millionen Euro Abfindung und einen hellblauen Porsche Carrera. Seither geht es ihnen viel besser: Der Vater spielt Golf, die Mutter engagiert sich im sozialen Bereich, und die Restblagen studieren Philosophie. Die Wacholders gehören zur Elite und benehmen sich anständig, was nichts beweist, aber immerhin zu denken geben könnte.

Nie mehr Pommschips

Kevin Schaufelberger war einer von denen, die «Pommschips» sagten statt «Pommtschips», und seine Frau Tanja hasste ihn dafür. Natürlich nicht nur dafür, aber das ging ihr besonders auf die Nerven, vor allem weil ihr Mann immer öfter nach Pommschips rief und sie vor dem Fernseher in sich hineinstopfte und mit Dosenbier hinunterspülte und dann beim Essen keinen Appetit hatte und laut rülpste. Im Bett lief natürlich auch nichts mehr, ausser wenn er mal so richtig blau war. Sie nahm sich darum einen Liebhaber, der Pommes-Chips weder aussprach noch auffrass, und verliess bald darauf Kevin, der es natürlich nicht fassen konnte.

Der Body-Mass-Index

Weil er beim Rennen durch das an und für sich gerade im Herbst äusserst lauschige Wimmerbachtobel immer langsamer wurde, überlegte Eidenbenz, ob das nun an seinem neuen Trainingscomputer lag, der ihn via Satellit anheizte und aufmunterte, jedoch gegenüber der guten alten Landeskarte die Lieblingsstrecke um mehrere Kilometer verkürzte, was bei ihm zu einem grosszügig gerechneten Body-Mass-Alter von über sechzig Jahren führte, mit dem sich nur schwerlich auf Internetforen prahlen liess, oder ob der unter dem Buckingham Palace in London gelagerte Originalkilometer von düsteren Mächten angeknabbert worden war, um die europäische Mittelklasse in ihrem Streben nach Ausdauer und Gesundheit zu demotivieren.

Hemmungsloses Mützentragen

Die Gebrüder Mäder hatten von langer Hand einen Hinterhalt geplant, in den sie den unbedarften, aber ihrer Ansicht nach gemeingefährlichen Hasler Sepp locken wollten. Dieser hatte nicht nur durch hemmungsloses Mützentragen und lautes Absingen von Pophits auf dem eigenen Sitzplatz Stirnrunzeln und Kopfschütteln bei der Anliegervereinigung provoziert, sondern erst noch in unangebrachter Weise eine Znüniplatte mitgebracht und sie vor aller Augen mit solch animalischem Appetit verzehrt, dass ihm der Grind gewaschen gehörte. Doch anstatt in den Hinterhalt zu tappen, war Hasler in die Ferien gefahren, von wo aus er eine Postkarte schrieb, aufgrund derer sich die Mäder-Brüder zum Auswandern entschlossen.

Friss Caramel und stirb!

Der Niedergang des Gregor Doppelhuber hatte schon vor langer Zeit begonnen, aber erst in den letzten Monaten richtig an Fahrt gewonnen. Dies wurde ihm brüsk ins Bewusstsein gerückt, als man beim Grossverteiler seine Kundenkarte nicht mehr annehmen wollte. Man bot an, ihm die über die Jahre angesammelten Punkte in Caramelbonbons aufzuwiegen, wenn er nur woanders einkaufen ginge. Mit von dem klebrigen Zeug zugepapptem Mund eilte er zur Konkurrenz, wo man aber bereits vorgesorgt und ein Hausverbot verhängt hatte. Als dann noch ein Nachbar seinen Kübelsack hereinnahm, damit dieser beim Anblick Doppelhubers keinen Schaden nähme, ergriff ihn eine tiefe innere Leere.

Notorischer Schwarzfahrer

Das Schwarzfahren auf der Kurzstrecke erwies sich für Roggenschrot als kostspieliges Unterfangen, weil er jeden zweiten Tag erwischt wurde und unter der Bussenlast bald finanziell kollabierte. Nun wurde er auch noch vor Gericht gezerrt, denn notorisches Schwarzfahren war zur ernsten Sache erklärt worden. Seiner Argumentation, er hätte auch zu Fuss gehen oder ein Taxi nehmen können und nur aus Versehen den Bus benutzt, folgte das Gericht nicht und buchtete ihn für vier Monate ein. Im halboffenen Vollzug war er der einzige Schwarzfahrer unter lauter Parkbussenanhäufern und Rauschchauffeuren. Darum stahl er bei seinem ersten Freigang ein Velo und floh nach Konstanz.

Plattenvertrag für Delfine?

Die Delfinkappelle Hochwasser übte jeden Mittwochabend in der Meeresenge von Gibraltar. Dabei machte sie so einen Saumais, dass die Affen von den Felsen purzelten und sich die Knie aufschürften. Auch die Wale im Ozean fühlten sich gestört und verfassten umfangreiche Protestgesänge, die dann auf dem Esoterikmarkt zu Tophits wurden, obwohl die Delfine die viel bessere Musik machten, so richtig krachend und mit Pfiff. Sie schwammen jedes Jahr zur grossen Kappellmeisterschaft im Bermudadreieck, wo sie aber mangels Punkten von Wal- und Thunfischen nur die hinteren Plätze belegten. Trotzdem studierten sie jedes Jahr einen neuen Fetzer ein und träumten vom winkenden Plattenvertrag.

Alpenguerilla

In der Bergwelt herrschte gutes Wetter und arges Gedränge. Das ganze mittelständische Saupack, das der Verarmung so hartnäckig und begeistert Widerstand leistete, invadierte die heile Bergwelt, die per Naturgesetz den Reichen und ihren Zuträgern vorbehalten war. Mit Massensturm und Guerillataktik brachen sie herein über die Kurorte Arosa, Davos und St. Moritz. Sie kamen in teuren Kleidern und mit Markenplunder beladen, dass den Reichen schlecht geworden wäre, hätten sie nicht die Aktien der hoch profitablen Luxuskonzerne gehalten. Die Medienzaren beschlossen, das trübe Pack im neuen Jahr in noch mehr Angst und Schrecken zu versetzen. So würden sie ihnen die Ruhestörung büssen.

Wachsende Schweden

Im 13. Jahrhundert waren die Schweden erst einen Meter gross und in ganz Europa unbeliebt. Sie machten mit ihren Schlauchbooten die Küsten unsicher und pöbelten in Hafenkneipen und Strandlokalen, dass es eine Art hatte. Sie hinterliessen offene Rechnungen, beschädigtes Mobiliar und allgemeine Verzweiflung. Ganze Landstriche verödeten, weil sich die Küstenbewohner landeinwärts verschoben, um endlich wieder Ruhe zu haben. So geriet das Strandleben während vieler Jahrhunderte völlig in Vergessenheit, und Europa vergass die Schweden, bis sie eines Tages zwei Meter gross waren und um Aufnahme in die EU nachsuchten. Man liess sie herein, und seither sind sie noch einmal kräftig gewachsen.

Kaputte Eidechsen

Walter Herrgott sass in seinem Büro und schraubte zwei Eidechsen aneinander. Die Tiere machten dabei ein herzzerreissendes Geräusch. Es war furchtbar. Herrgott nahm den Locher und stanzte die Gehirne der Reptilien heraus. Danach war zwar Ruhe, aber das Werk war verpfuscht. Herrgott schmiss es aus dem Fenster. Sein Chef kam herein und schoss zweimal auf ihn. Walter Herrgott rettete sich hinter den Aktenschrank, wo er bis zur Mittagspause blieb und über das Verhältnis der Spanier zur Obrigkeit nachdachte. In der Mittagspause fuhr Herrgott exakt zwölf Kilometer Tram. Danach konnte ihm niemand mehr etwas, und der Tag verlief zufriedenstellend. Herrgott lachte.

Verrusstes Karma

Heinrich Gutschlaf stand morgens um halb zehn auf und wunderte sich, dass es schon hell war. Dabei war das gar nichts Ungewöhnliches um diese Jahreszeit. Davon hatte einer wie Gutschlaf, der seine Tage damit zubrachte, den Regenwürmern Wasser zu predigen, natürlich keine Ahnung. Er selber hielt sich zwar für einen grossen spirituellen Erneuerer, seine Nachbarn hingegen hielten ihn für einen Abgeordneten des Mittelstandes. So kamen immer wieder Handwerker und Angestellte zu Gutschlaf und klagten ihm ihre Sorgen. Davon bekam er Kopfschmerzen und derart schlechte Laune, dass er eine Handvoll Regenwürmer frass. Danach war sein Karma wieder für Wochen vollkommen verrusst.

Sonntagswahn

Der Sonntag ist der Wochentag, an dem die Menschen am leichtesten überstellig werden. Darum wurde versucht, mit Religion oder Ausschlafen die Leute ruhigzustellen. Auch die After-Hour-Party war ein Versuch, den Sonntagswahnsinn zu stoppen. Wie sich gezeigt hat, vergebens. Acht von zehn schlechten Witzen werden an Sonntagen ersonnen. Vier von acht missratenen Menüs werden an diesem Tag serviert. Der gross angelegte Versuch, den Sonntag durch einen Fünftagerhythmus zu überlisten, ist an der Faulheit der Bauern gescheitert. Sogar Napoleon erlebte in der Sonntagsfrage eine der herbsten Niederlagen seiner Karriere. Kurz vor deren Beratung fiel er in den Rossbrunnen und wäre beinahe ersoffen.

Lehrer an der Notbremse

Tausend Lehrer machten einen Ausflug nach Basel, um sich über die neuesten Trends der Pädagogik zu informieren. Zweihundert verpassten den Zug, hundert blieben im Bahnhofbuffet hängen, dreissig flohen nach Frankreich, und zwei heirateten. Die Restlehrerschaft stürmte die Messehalle und hamsterte Prospekte, bis alles leer gefegt war. Sie wussten zwar immer noch nicht, wie sie der stumpfen Jugend etwas Rechtes beibringen sollten, aber das war ihnen egal. Sie waren froh, bald wieder zu Hause zu sein. Im Zug aber erfasste den einen oder anderen eine heftige Bitterkeit, die sich bei Meierhans aus Niederhasli im Ziehen der Notbremse entlud. Seither sitzt er.

Das schöne Geld

Am Abend des 8. Oktober sass der Bankdirektor Joe B. Ochsenknecht deprimiert in seiner Achtzigzimmerwohnung in den oberen zwölf Stöcken des Wealth-and-Power-Turms. Er hatte eben einhundertneunundsiebzigtausendvierhundertdreiundsechzigeinhalb Fantastilliarden Dollar verspekuliert. Natürlich nicht seine eigenen, aber trotzdem. Schade um das schöne Geld. Er nahm einen tüchtigen Schluck von dem Single-Malt-Whisky, der im Magen eines vergrabenen Hochlandrindes gealtert war, die Flasche à vierzig Millionen schottische Euro. Er beäugte seine Frau, ein ehemaliges Topmodel, das immer noch auf der Liste der dreitausenddreihundert schönsten Frauen der Welt fungierte. Auf einmal hatte er vom Top-of-the-World-Leben dermassen die Schnauze voll, dass er sich in den Fuss schoss.

Wallstreet

Der Kleinsparer Sepp Hangab ging zur Sparkasse, um zu sehen, wie es denn seinem Anlagefonds ergangen sei während der üblen Finanzkrise, von welcher er nichts mitbekommen hatte. Er hatte im Bett gelegen und gehofft, dass der Sommer zurückkäme. Das war keine volkswirtschaftlich sinnvolle Tätigkeit gewesen, und darum wich sein Entsetzen, dass sich sein Erspartes in geschuldete Depotgebühren verwandelt hatte, bald einem nagenden Schuldbewusstsein. «Hätte ich doch das Heu ins Trockene gebracht statt Trübsal geblasen», so dachte er, «dann hätte es die Wallstreet allweg noch zwanzig Minuten länger gegeben.» Wie so mancher Kleinsparer hatte Sepp von der Weltwirtschaft keinen blassen Schimmer.

Amerikas Untergang

Amerika ruderte über den Ozean und wurde Zweiter. Darüber verbittert, zog es sich während ein paar Jahrhunderten in unwirtliche Gefilde zurück. Vergessen von der Welt wuchs es zu einem Kontinent heran, der eines Tages nicht mehr übersehen werden konnte. Es vergingen keine zwölf Jahrhunderte, und schon war der Kontinent bevölkert, industrialisiert und Gastgeber der Olympischen Spiele. Das war natürlich zu viel für so eine zarte Landmasse, die unter der Dauerbelastung zusammenbrach. Das als Antwort auf die Katastrophe erstarkte Umweltbewusstsein kam leider zu spät. Heute erinnern nur die Indianer, die rechtzeitig nach Birmensdorf ausgewandert waren, an diesen einst so zukunftsträchtigen Landstrich.

Wohlfeile Zerstreuung

Weil der November sonnig und warm war, kamen die Menschen auf dumme Gedanken. So versuchte der Nachbar des Dalai-Lakti die beschauliche Pagode des weisen Mannes in einen Tanztempel zu verwandeln. Er verteilte in den einschlägigen Lokalen, in denen sich ansehnliches, gut gewachsenes und selbstbewusstes Menschenmaterial zur gegenseitigen Wertschätzung zusammenrottete, kleine Zettel, auf denen er übersinnliche und handfeste Zerstreuung zu wohlfeilen Preisen in Aussicht stellte. Der Dalai-Hoschti bekam Wind von der Sache, denn er war Goldmember im Kharma Club. Zusammen mit dem Dalai-Dakar und dem Dalai-Wurpf organisierte er eine Gegenveranstaltung, die alles in den Schatten stellte und den Nachbarn gehörig einnebelte.

Alles steht still

Wenn es in Aarau regnet, hält der Zug oft zwei Stunden lang, weil er weiss, dass es hier in diesem Leben für ihn nichts mehr zu gewinnen gibt. Die Passagiere raufen sich die Haare und randalieren im Speisewagen. Der Kondukteur flüchtet in die Kellerbar unter dem Bahnhofsbuffet. Doch vergebens. Der Zug bockt. Alles steht still. Bis es dann plötzlich und in einem Karacho via Olten nach Basel geht. Kein Mensch weiss, was den Sinneswandel bewirkt hat. Die Protestpassagiere purzeln durch die Gänge, die Laptops krachen von den Tischchen. Alle sind zufrieden, dass es weitergeht, denn niemand will zu spät kommen.

Plunder

Als allen das elende Gefeiere eines schönen Dienstags endlich verleidet war, stellten sie fest, dass es draussen nicht nur kalt, sondern auch unfreundlich war. Kein Wunder, es war ja Winter und jedes Jahr dasselbe. Man begutachtete den Krempel, der einem zugetragen worden war, und trennte Zweckloses von Abscheulichem. Das ging nicht ohne aufkeimende Ressentiments jenen gegenüber, die meinten, man habe eine Geschmacksverstauchung, zu viel Platz oder sei sonst wie ein simples Gemüt, das sich an solchem Plunder freuen würde. Man schwor sich, es im nächsten Jahr besser zu machen, tat es aber nicht und hatte es darum nicht anders verdient.

Affentheater

Zu seinem vierzigsten Geburtstag lud der Schimpansenkönig Adalbert zwölf verfeindete Sippen ein, die zuerst alles zusammenfrassen, dann ausfällig wurden und schliesslich den halben Wald verwüsteten. Dem Affenkönig erwuchs dadurch ein beträchtlicher Schaden, denn seine eigene Sippe hatte ihn davor gewarnt, so ein Pack einzuladen. Weil er ihren gemeinsamen Lebensraum aufs Spiel gesetzt hatte, erreichte seine Popularität Tiefstwerte, und schon sägten die ambitionierten Jungtiere an seinem Ast. Adalbert hätte seinen Einundvierzigsten wohl im Tal der verlausten Primaten feiern müssen, hätte er nicht im letzten Moment den rettenden Einfall gehabt, seine Sippe in den Adelsstand zu erheben und das Freibier zu erfinden.

Zorn auf Unausgeschlafenheit

Das Scheitern beim Ausüben an und für sich simpler Tätigkeiten konnte manchen in Rage versetzen, nicht aber Balthasar Zorn. Mit Gelassenheit stürzte er Treppen hinunter, knallte gegen Türpfosten, fiel von Fahrrädern und kochte Milch zu Klumpen. Er blieb ruhig, wenn ihm andere Leute die Hosen zerdampften, die Meinung zertraten oder das Schienbein ansengten. Was er aber nicht ertrug, war Unausgeschlafenheit. Wenn er jemanden im Verdacht hatte, den Schlaf nicht gebührend zu würdigen, verfolgte er ihn mit unerbittlicher Aufsässigkeit. Seine nachhaltige Methode, die Streber einzuschläfern, brachte ihn aber bald in den Ruch, ein Serienmörder zu sein, und er wurde postwendend hingerichtet.

Wladimir «Lenin» Dubach

Wladimir «Lenin» Dubach erbte im Alter von achtundzwanzig Jahren dreissig Holsteiner Kühe, ein Rennvelo und zwölftausend schwedische Kronen. Weil Zählen nicht seine Stärke war, verlor er auf dem Heimtrieb zwei Drittel der Herde. Seine Wohnung war selbst für die Restviecher zu klein, sodass er sie für einen lächerlichen Betrag an einen dicken Veganer verkaufte. Er fuhr mit dem Rennvelo nach Oslo, wo es ihm von zwei Fixern geklaut wurde. Für seine zwölftausend Schwedenkronen bekam er gerade mal drei Humpen Bier. Trotzdem blieb er, liess sich als Millionenerbe ins Telefonbuch eintragen und war bald aus der Osloer Boheme nicht mehr wegzudenken.

Taubenschlags Erfindung

Als es auf der Welt ausnahmsweise einmal still und heiter zuging, erfand Joe Taubenschlag das rote Fahrrad. Er fuhr dreimal durchs Dorf und verursachte Staunen, Schrecken und einen ausgewachsenen Sittenskandal. Beflügelt von diesem Erfolg, radelte er zum Patentamt nach Bern, wo man ihm in einem komplizierten Verfahren nachwies, dass erstens ein Velo nicht rot sein konnte, dass zweitens rot keine Farbe sei und drittens ein solches Patent nur der Velofabrik Zwicky in Ostermundigen ausgestellt werden könne. Taubenschlag eilte nach Ostermundigen, bezirzte das Heidi Zwicky, fuhr mit ihm auf dem Gepäckträger in den nächsten Strassengraben und vertat seine Chance auf Ruhm.

Tschau, Sepp

Sepp Unterwasser stand am Eingang des Gürbelblatttales und schüttelte die Faust. «Ihr himmeltraurigen, abgeschranzten Dübelklauber! Kümmerliche, hintergantige Schlafkonstanzen! Bleigiesser! Hummerzargen! Kombatlöffel!»

«Tschau, Sepp», grüsste ihn der auf einem Militärvelo daherkommende Gemeindeammann von Niedergürbel. «Hat man dich wieder übergangen beim Fähigkeitswettbewerb?»

«Ihr haust doch alle unter demselben Miststock», grunzte Unterwasser, «und wenn es einem zu Talent gereicht, dann spritzt ihr Gülle! Aber der Unterwasser, das sei euch gesagt, der hat eines Tages Oberwasser. Meterbreit!» Sprachs und stapfte Richtung Zürich, wo er die VIP-Lounges zu dominieren gedachte. Aber schon in Adliswil kannte er sich nicht mehr aus und ersoff in der Sihl.

Das Containerschiff

Max Gross und Max Cargo lagen wie immer im Bug des Dampfers und stritten sich über das Tagesgeschehen. Weil aber den ganzen Tag nichts passierte und von der Restwelt keine Nachrichten aufs Schiff gelangten, wollte kein richtiger Disput aufkommen. Natürlich waren die beiden uneins, ob der Wind nun heftig sei oder flau, ob das Meer grün sei oder türkis. Als aber am Horizont ein oranger Küstenkutter auftauchte, dessen komplette Besatzung grüne Hosen trug, lachten Max Gross und Max Cargo über ihre kleinlichen Differenzen und trollten sich Richtung Offiziersmesse, wo ihnen aber aufgrund ihrer international anerkannten Unzulänglichkeit der Zutritt verwehrt wurde.

Das Balkendilemma

Niedrig ist es dort, wo das Höchste unter einem Meter breit ist. Das beschäftigte Heinrich Meier seit seiner Kindheit, denn er schlug sich aufgrund dieses physikalischen Gesetzes ständig den Schädel am Türbalken an. Obwohl der weit über einen Meter breit und alles andere als niedrig war. Trotzdem schaffte es Meier, der sonst überhaupt nichts von einem Tollpatsch und Hampelmann hatte, nur am Sonntagmorgen, von der Küche in die Stube zu treten, ohne dass es kardauzte. Er ging an die Universität zu Basel, studierte Quantenphysik und wurde eine Koryphäe. Das Balkendilemma löste er erst Jahre später, indem er das Haus anzündete.

Reporter Bohnenblusts Ruf

Um den Ruf des Steuerungsausschusses nicht weiter zu beschädigen, formulierte man die Verantwortlichkeitserklärungen dermassen um, dass kein gescheiter Mensch mehr sagen konnte, wer hier wem ein Bein gestellt hatte. Der wegen seiner Aufsässigkeit gefürchtete Reporter Bohnenblust war zwar nahe dran, eine ausgewachsene Schmutzkampagne zu starten, aber er wurde gerade noch rechtzeitig nach Rom abberufen, wo er dermassen verkam, dass er froh gewesen wäre, überhaupt noch einen Ruf zu haben. Der Steuerungsausschuss atmete auf und ging zur Tagesordnung über, was zur Folge hatte, dass die Missstände und Ungereimtheiten im Halbdunkel weiter wucherten und Jahre später das ganze Land ins Zwielicht brachten.

Lieber nass als trocken

Im Zeitalter von Hochwasser und Tiefgang bleibt einem oft nichts anderes übrig, als alles abzuspülen. Darum erfreuen sich Hinterhofduschen und Überseebäder immer grösserer Beliebtheit. Nur wer richtig nass wird, kann sicher sein, nicht vollständig abgetrocknet zu werden in diesen Zeiten, die eigentlich viel besser sind, als man meint. Denn ehrlich gesagt, gibt es doch nicht viel Öderes als Selbstzufriedenheit, Wohlstandsennui und Wertsteigerung. Wenn alles nach Plan verläuft, bleiben vom Leben nur Ferienfotos übrig. Und wer will schon mit kurzen, beigen Hosen, Sonnenbrille und unvorteilhafter Kopfbedeckung vor einer überschätzten Sehenswürdigkeit herumtrollend in Erinnerung behalten werden? Dann lieber nass in Vergessenheit geraten.

Fortschritt und Zuversicht

Weil niemand mehr recht an ihn glaubte, hatte es der Fortschritt auch nicht mehr eilig. Er lag den ganzen Tag mit der Zuversicht auf dem Sofa herum. Wenn er irgendwann mal aufstand, sah man ihn dumpf in den Kühlschrank starren. Der einst so dynamische und beliebte Zeitgenosse, den die höchsten Kreise hofiert hatten, war tief gefallen. Niemand rief an, niemand wollte etwas von ihm wissen. Die Schuld an allem, was schiefgelaufen war, wollten sie ihm in die Schuhe schieben. Schliesslich griff er sich eine kühle Bierdose und tröstete sich mit dem Gedanken, dass es diese ohne ihn gar nicht gäbe.

Frühstück, flüssig

Die Bradley Brothers verzehrten ihr drittes flüssiges Frühstück des Tages. Um sie herum zog ein weiterer klebriger, warmer, nutzloser Tag ins Land. Sie hatten bereits mit den Nachbarn gestritten, auf herumstreunende Tiere geschossen und auf dem Weg ins Städtchen einen Briefkasten überfahren. Dem Sheriff, der auch zum Bradley-Clan gehörte, war es schon lange verleidet, sie einzubuchten, weil es danach im Gefängnis aussah und stank wie im Affenhaus des Brooklyn Zoo, den er auf einer Bildungsreise besucht hatte. So liess man diese grossen, starken und trinkfesten Brüder auf ihrer Veranda gewähren, auch wenn es die menschliche Gesellschaft alles andere als vorwärtsbrachte.

Mega-Broker, Ultra-Trader

In New York stand das Wasser bis zur Kante, weil es seit Wochen regnete. An der Wallstreet war man froh um die Ablenkung, denn man war unbeliebt geworden, obwohl man noch immer blendend verdiente und nichts zum Allgemeinwohl beitrug. Die Mega-Broker und Ultra-Trader hockten darum vor ihren Bildschirmen und spielten «Schiffe versenken». Natürlich mit echten Öltankern, denn ohne beträchtlichen Umweltschaden machte die Sache einfach keinen Spass. Als dabei versehentlich die goldene Jacht des Immobilienkönigs Dagobert Doppeltrumpf getroffen wurde und havarierte, hatte die Gaudi ein Ende, und sie wurden zurück an die Arbeit gepfiffen. Der Regen aber zog weiter nach Baltimore.

In höheren Sphären

Blobbka und Blutschka waren nicht nur die ältesten, sondern auch die dümmsten Fische im Golf von Mexiko. Seit Tagen hockten sie hinter einem grossen Stein, von dem sie überzeugt waren, dass er ihnen den Weg in eine bessere Zukunft weisen würde. Weil der Stein endlich seine Ruhe wollte und Meeresgetier sowieso keine Zukunft hatte, schickte er die beiden Richtung Texas, wo es von Hochseefischern nur so wimmelte. Weil die beiden aber selbst zum Anbeissen zu dumm waren, erreichten sie die Bucht von Corpus Christi. Dort glaubten sie tatsächlich, in höhere Sphären gelangt zu sein, und wären vor Freude fast ertrunken.

Arbeitselefanten

In Mumbai standen vier Elefanten am Strassenrand und schauten traurig, weil es ihnen seit drei Tagen nicht gelungen war, auf die andere Seite der Fahrbahn zu gelangen, von wo aus sie den Heimweg gekannt hätten. Sie waren unter dem Versprechen, es gebe Arbeitsplätze in der Bauindustrie, in die Stadt gelockt worden, wo man sie zu allerlei Affentheater mit Touristen in bunten Hosen missbraucht hatte. Erst das beherzte Eingreifen des Tierschützers Humpendink hatte sie von ihrem Schicksal erlöst. Die lang ersehnte Freiheit erwies sich spätestens an dieser Kreuzung als Farce. Als sie es zur Strassenmitte schafften, wurden sie wegen Verkehrsbehinderung verhaftet.

Zukunftsmusik

Professor Zinkweiss hatte sich eine verlängerte Auszeit gegönnt, in der ihm der akademische Ehrgeiz auf geradezu fatale Weise abhanden gekommen war. Zurück in seinem Institut für Zukunftsmusik, baute er den Teilchenbeschleuniger zur Kegelbahn um und das Elektronenmikroskop zum Korkenzieher. Er liess seinen Assistenten freie Hand, was diese nutzten, um angehäufte Überstunden in blaue Tage zu verwandeln und Extremsportarten auszuüben, bei denen sie sich Kopfverletzungen zuzogen, die sie für die Wissenschaft untauglich machten. So verkam der einst so angesehene Forschungsstandort zu einem Tohuwabohutempel, in dem der Freizeit derart intensiv gehuldigt wurde, dass sogar der strebsame Genweizen zu einer unverdaulichen Flockenmischung mutierte.

Rennvelo

Mit grosser Freude nahm Giorgio Steinbichler das Rennvelo aus der Garage. Endlich war wieder Saison. Endlich gab es wieder einen Grund, in bunter, über den Winter eng gewordener und störrisch zwickender Kleidung der Arbeit davonzufahren. Nach einem energischen Antritt rollte er in angemessenem Tempo dem See entgegen, den er zu umrunden gedachte. Das Wetter war gut. Aber bereits in der ersten Seegemeinde knirschte sein Rücken, und er verspürte einen heftigen Durst. So kehrte er in der Löwenpinte ein und verliess sie erst kurz vor Morgengrauen auf allen vieren. Da wundert es nicht, dass aus Steinbichler nie ein grosser Velofahrer wurde.

Ueli der Kämpfer

Um dem ewigen Gelari und Gefari etwas entgegenzusetzen, erklomm Ueli Kautzinger den grössten Miststock der Umgebung und hisste die Flagge des wohldosierten Widerstandes. Drei Buben kamen des Weges und spitzten die Ohren, weil sie glaubten, es gäbe etwas umsonst. Als sie ihren Irrtum bemerkten, warfen sie mit Dreck und rannten davon. Wenig später stand die Dorfschönheit vor Ueli und lächelte ihn dergestalt an, dass er beinahe die Standfestigkeit eingebüsst hätte und ins Güllenloch gerutscht wäre. Noch vor Mittag zogen dann der Pfarrer und der Lehrer gegen diesen unverfrorenen Individualprotest zu Felde, und mit dem Ueli nahm es ein böses Ende.

Stehlen und singen

Der Vater von Gabathuler hatte die Italiener nie besonders gemocht. Ganz besonders hasste er das Lied «Volare, cantare», denn er war überzeugt, dass «volare» stehlen hiess, analog dem französischen «voler», und französisch hatte er gelernt, der alte Gabathuler, in der Sekundarschule und nicht ohne Widerwillen. Er hielt das Lied für eine Verhöhnung des arbeitenden Menschen. «Stehlen und singen», pflegte er zu brummen, «so sind sie!» Als ihm endlich jemand mithilfe eines offiziellen Wörterbuches nachwies, dass «volare» fliegen heisst, änderte das für ihn gar nichts. «Seit wann können die Italiener fliegen?», schimpfte er. «Das ist doch erst recht ein fertiger Chabis!»

Ade, Camping

Beim Versuch, es endlich richtig zu machen, scheiterte Balthasar «Bernie» Kolber wiederum mit Bravour. Nichts, aber auch gar nichts gelang diesem bedauernswerten Vertreter eines falsch verstandenen Unternehmergeists. Weil er nicht einmal den minimalsten Anforderungen an einen Zeltplatzvermesser entsprach, war es natürlich vollkommen abwegig gewesen, sich als Erneuerer des Campingwesens auszugeben und mit zusammengekratztem Geld einen Messeauftritt zu organisieren, der ganz allgemein als obszön, ja sittenwidrig angesehen wurde und Bernie ein lebenslanges Outdoor- und Caravaning-Verbot einbrachte. Zum Glück hatte er zu diesem Zeitpunkt seine Bewerbung als Innenraumverschwender bereits abgeschickt und wurde so doch noch zu einem knapp tolerierten Mitglied der Gesellschaft.

Gleichnis über die Welt

Das Vogelgezwitscher erreichte schon in den frühen Morgenstunden jene Dezibelgrenze, die Zwickelgruber aus dem Bett scheuchte. Weil es ihm aber seine neu gefundene Gelassenheit verbot, sich darüber aufzuregen, setzte er sich in seinem Bett auf und versuchte angestrengt herauszufinden, was diese ornithologische Kommunikation zu bedeuten haben könnte, denn irgendwie hing ja alles zusammen, Natur, der Mensch und das ganze Zeug. Er kam aber nicht über die Erkenntnis hinaus, dass die einen eher sangen und die anderen eher schimpften, und daraus zimmerte er sich ein Gleichnis über die Welt, das schon wenige Stunden später in der Mittagshitze hinfällig und geschmolzen war.

Alles in Ordnung

Diese Saison blieb niemand allein, dank Public Viewing und Festwirtschaft. Weil das Leben nichts wert ist, wenn einem keiner dabei zuschaut, wurde dafür gesorgt, dass das Emotionale in geordnete Bahnen gelenkt und gemeinsam begangen wurde, nicht, dass es am Schluss wieder hiess, wir lebten in einer kalten Welt. Was ohnehin nicht stimmen konnte, weil es heiss war. Aber das interessierte die, die sowieso immer dagegen waren, bekanntlich wenig. Beim ersten Gewitter sahen sie sich bestätigt, obwohl die Masse innig verschmolz und ein Wir-Gefühl erzeugte, das noch bis an den Skilift halten würde, wenn man sich bloss ein wenig Mühe gab.

Bürogummis

Die Zukunft der Büroarbeit war schwer angeschlagen und drohte gänzlich zu verrohen. Um etwas für das gebeutelte Image dieser einstmaligen Verheissung zu tun, beschloss das Arbeitsministerium eine Kampagne, bei der allen wieder ins Bewusstsein gerückt werden sollte, wie erbärmlich es auf der Welt um den Broterwerb gestanden hatte, bevor die bequeme und wetterunabhängige Büroarbeit grossflächig eingeführt worden war. «Aufs Büro» zu kommen, war einst hehres Ziel für Generationen von Eisenbucklern und Schlammschauflern gewesen, aber der modernen arbeitsfähigen Bevölkerung stand der Sinn nach Tauchlehrer- oder Moderatorinnenstellen. Die verödeten Bürogebäude krachten deshalb in sich zusammen und rissen das ganze Land ins Elend.

Die Wörterdeponie

Das Konzept der Mülltrennung war in die südlichen Alpenausläufer vorgedrungen, wo man es argwöhnisch in Empfang nahm und ihm einen Platz im Wald zuwies. Es lagerte dort inmitten eines Haufen Unrats, was seiner zweckmässigen Entfaltung diametral entgegenwirkte. Nachdem ein hoch aufgeschossener Bürgermeister ein paar warme Worte deponiert hatte, wurde es vergessen und verdrängt. So kam es, dass nicht nur der Wald, sondern die ganze Landschaft im Laufe der Jahre verödete und bald einem Vorort von Ulm glich. Da erinnerte man sich endlich des gelungenen Konzepts, aber das hatte sich schon lange der Dichtkunst zugewandt und war dadurch vollkommen nutzlos geworden.

Der abgemergelte Hüftsprengler

Die stärksten Schwurgler der Tal- und Tobelliga versammelten sich zum Saisonschluss noch einmal auf der Hungerbühler Allmend, um den Winterkönig auszumachen. Um diesen inoffiziellen Titel der verschworenen Geheimsportart bewarben sich vor allem der Riese Baumgartner und der mächtige Zangengriff-Sepp, die prompt auch in den Schlussgang kamen, nachdem sie so gäche Gegner wie den Doppelzentner-Toni und den Speckstein-Gusti gebodigt hatten. Weil gekämpft wurde, bis einer auf dem Rücken lag, war es schon längst dunkel, als man endlich in die Hosen stieg. Beim Fackelschein wogte der Kampf hin und her, bis schliesslich der mächtige Sepp mit einem abgemergelten Hüftsprengler die Sache klarmachte.

Doch keine Erleuchtung

Hannibal Grottenschlacht stand vor seinem Haus und schaute geradeaus. Nicht weil die Aussicht besonders erbaulich gewesen wäre, sondern weil ihm die Pantoffeln und das Halstuch eingefroren waren, als er auf dem Weg zum Briefkasten innegehalten hatte. Er war stehen geblieben, weil es ihm auf einmal vorgekommen war, als sei ein leises Summen durch die Welt gegangen, dem zu lauschen eine umfassende Glückseligkeit verhiess. Zu Beginn meinte er tatsächlich, mit dem Kosmos eins zu werden, aber dann merkte er, dass es sich bei dem Geräusch um das Brummen des Heutrockners des Zwickelbauern handelte, und das hatte bekanntlich noch niemanden glücklich gemacht.

Gute Miene zum Fest

Im Weihnachtszirkus Holdrio war man auch dieses Jahr weniger bestrebt, die Leute zu unterhalten, als sie auszusacken, dass es staubte. Mit dem ewig gleichen, völlig unberechtigterweise als Poesie angepriesenen Glitzerkram lockte man Zehntausende ins schlecht geheizte Zelt, wo man ihnen Artisten vorführte, die sich gegen Kost und Logis verrenken mussten, dass es einem vom Zuschauen schlecht geworden wäre, hätte man nicht so viel für die unbequemen Plätze ausgegeben. So war das Publikum gezwungen, gute Miene zum bösen Spiel zu machen, weil sonst die ganze Weihnachtsstimmung in Scherben gegangen wäre wie die Teller, die den ausgemergelten Chinesen von den Bambusrohren krachten.

Klima und andere Katastrophen

Am dritten Tag des Frühfrostes verloren die meisten die Geduld oder das Gleichgewicht. Das führte zu tragischen Szenen in den Strassen und auf den vereisten Plätzen. Niemand kam rechtzeitig an, und die wenigen, die es schafften, waren so stark beschädigt, dass eine weitere Existenz sich kaum lohnte. Inmitten all dieser Verzweiflung schlief der gute Eidenbenz so lange, dass das Tauwetter schon aus den Schlagzeilen verschwunden war, als er endlich aufwachte. Darum nahm er die allgemeine Verwüstung erstaunt zur Kenntnis und versuchte sofort, sich nützlich zu machen. Weil aber allzu bekannt war, was dabei herauskäme, jagte man ihn zurück ins Bett.

Vergreist, verlumpt, entfremdet

In der Welt der Unterhaltung hatte sich ein weiteres Jahr nichts, aber auch gar nichts getan, was aber kaum bemerkt wurde, weil sich die Computerspeicher auf wundersame Weise mit längst verschollen geglaubten, nie begehrten und doch auf einmal anziehend wirkenden Tönen und Bildern gefüllt hatten, die zu sichten und zu hören dermassen viel Zeit in Anspruch nahm, dass eine ganze Fangeneration dabei vergreiste. Das wiederum hatte zur Folge, dass eine ganze Unterhaltergeneration verlumpte und einen anständigen Beruf lernen musste. In den Büros und Werkhallen standen sich dann diese einst gleichgesinnten Wesen in unausgesprochener Entfremdung gegenüber und wussten nichts miteinander anzufangen.

Im Aktionsrausch

Wer sich, von Aktionen geblendet, mit nicht benötigten, aber preisgünstigen Behältern voller ökologisch abbaubarem Glasreiniger eindeckt, erlebt eine Ausschüttung von Glückshormonen, die knapp zwölf Nanosekunden dauert. Demgegenüber stehen Stunden sinnlosen Suchens nach einzusprühenden und mit Unmengen teuren Haushaltspapiers zu reinigenden Flächen, in denen die Glückseligkeit tief im Keller verharrt. Ist dann endlich alles oberflächengereinigt, muss man feststellen, dass weder die Sprühflasche sichtlich leerer noch die Umgebung spürbar sauberer geworden ist. Eine Menge aufgestauten Zorns bahnt sich den Weg ins Freie, und es kann zu Wutausbrüchen kommen. Somit ist die emotionale Bilanz solcher Spontankäufe verheerend, und man sollte dringend davon absehen.

Schweine auf drei Beinen

Tückischen Viruserkrankungen durch vermehrte Körperertüchtigung und übermässigen Karottenkonsum vorzubeugen, erweist sich oft als ebenso trickreich wie zwecklos, da niemand bisher nachweisen konnte, dass das eine oder das andere irgendwelche antiviralen Abwehrkräfte zu aktivieren vermag. Besonders umstritten ist das Rennen zu abseits gelegenen Denkmälern, das oft zu erschöpfungsähnlichen Zuständen führt, die dann weit unangenehmere Gesundheitsschäden nach sich ziehen als die zu vermeiden gesuchten. Auch langes Stehen auf einem Bein hilft nur bei Husten, nicht aber bei der Schweinegrippe, weil Schweine bekanntlich auf mindestens drei Beinen stehen. Das mit den Karotten hingegen ist ein altbekannter Schwindel, den sich die Bauern ausgedacht haben.

Dipl. Pistenrowdy

Kirnbauer beschloss, Ski fahren zu gehen. Unter Nichtigerklärung eines vor Jahrzehnten geleisteten Schwurs brach er durch die Hochnebeldecke und liess sich in einem mit Abziehbildern gekennzeichneten Fachgeschäft eine zeitgemässe Montur leihweise zur Verfügung stellen. Darauf quetschte er sich in die Gondel, wo noch genau gleich begeistert dahergeschwafelt wurde wie seinerzeit. Auf der Piste ging anfangs alles gut, aber bald merkte er, dass seine antiquierte Kurven- und Bremstechnik nicht mehr verfing. So schoss er mit Karacho den Steilhang hinunter und krachte in die von der Skischule aufgestellten Comicfiguren aus Sperrholz, was ihm eine Auszeichnung als Pistenrowdy und ein lebenslanges Hangverbot bescherte.

Das para-postmodern-dekonstruktivistische Phänomen

Im Institut für freigeistigen Überbau und angewandte Aggrophysik herrschte grosser Andrang. Die sonst nur sporadisch eintrudelnde Studentenschaft war vollzählig erschienen, um dem Vortrag des berüchtigten Gastredners Professor Zinkweiss zu lauschen. Dieser hatte vor sehr langer Zeit etwas Spektakuläres entdeckt und versuchte seither, jemanden zu finden, der verstand, von was er redete. Bisher erfolglos. Doch war es gerade diese unbegreifliche Verquertheit seines Gedankenkonstrukts, die ihm bei den Studenten das eingebracht hatte, was man in des Professors Jugend einen Kultstatus genannt hatte. Keiner der Studenten plante, einen nützlichen Beitrag zu leisten, aber alle wollten dabei so berühmt und verkannt werden wie Zinkweiss.

Glaubwürdigkeitsprobleme

Der Überfluss, seit längerem als Problem erkannt, erfreute sich nichtsdestotrotz robuster Sympathiewerte. Es war einfach schwierig, sich seinem Charme zu entziehen. Das lag einerseits an seiner ebenso unaufdringlichen wie überzeugenden Art, einem weiszumachen, man hätte aufgrund unterschwelliger, aber permanenter Geringschätzung durch das Umfeld eine Belohnung verdient. Andererseits steckte ein Grossauftrag an das PR-Büro Strahlemann dahinter, der nicht publik werden durfte, denn diese ausgekochten Propagandalümmel hatten auch für eine Reihe bedenklicher Personen und Organisationen in Funk und Fernsehen gut Wetter gemacht. Wäre herausgekommen, dass der Überfluss sich ihrer bediente, hätte er ein Glaubwürdigkeitsproblem am Hals gehabt, das ihm denselben gebrochen hätte.

Glückliche Städter im Park

Am Sonntag gehen die Städter in den Park. Dieser ist dem Naherholungsgebiet vorzuziehen, da er zwar Platz, aber keine Überraschungen bietet. Keine überfüllten Ausflugslokale lauern darauf, die erholungsbedürftigen urbanen Trolle auszusacken, die Verpflegung wird selbst angeschleppt und genüsslich verzehrt. In Städten mit Parks ist sonntags immer schönes Wetter, auch wenn die ganze Woche über Kälte und Regen geherrscht haben. Das muss so sein, denn die Städter sind bekanntlich geschäftig und lassen die Wirtschaft knattern, von der die Umländer profitieren, welche die Städter dafür der Sitten- und Ruchlosigkeit bezichtigen. Das lässt sich nur ertragen, weil der Sonntag im Park glücklich macht.

Wohl bekomms!

Gustav Altenhofer, inoffizieller Held der absteigenden Mittelklassegastronomie, hatte wie zu erwarten eine Saison hinter sich, die, trotz drastischer Lohnkürzungen beim Personal und beinah kompletten Verzichts auf Investition in Qualität beim Einkauf von Speisen und Getränken, als himmeltraurig bezeichnet werden musste. Wenn er nicht nebenher mit Gammelfleisch gehandelt hätte, wäre der Konkurs unausweichlich gewesen. Die Gäste hatten immer mehr das Gefühl, sie könnten Ansprüche stellen und Sonderwünsche anmelden. Wenn nicht bald eine breit angelegte Umerziehung durchgeführt würde, würde Altenhofer für seine drei strategisch gut gelegenen Touristenfallen schwarzsehen und am Ende gezwungen sein, in den Wellnessbereich einzusteigen, wo noch alles möglich war.

Organisiertes Verbrechen

Der Dübendorfer Mafiamob lebte zurückgezogen und bescheiden in einem umgebauten Bauernhaus und war in der Nachbarschaft wohlgelitten. Von ein paar entführten Kötern und aufgebrochenen Gartenhäusern abgesehen, stellte die kriminelle Energie dieses stark überalterten Zweigs des organisierten Verbrechens keine Bedrohung für das Gemeinwesen dar. Erst als aus Volketswil eine Delegation der Einkaufsparadiescrew ins Dübendorfer Territorium eindrang, kam es zu heftigen Wortgefechten, bei denen Dinge gesagt wurden, die von der Mehrheit der Nachbarn nicht verstanden und noch viel weniger gutgeheissen wurden. Doch der siegreiche Mob verhinderte einen scharfen Verweis an der Gemeindeversammlung mittels Spende einer neuen Kläranlage, die allerdings nie gebaut wurde.

Die verhinderten Hammerwerfer

In der Hoffnung, eines Tages etwas halbwegs Weltbewegendes auf die Reihe zu kriegen, schrieben die Gebrüder Kohler seit zwölf Jahren an einem Drehbuch, dessen Handlung umso undurchsichtiger wurde, je mehr sie sich hineinknieten. Angetrieben vom windigen Produzenten Edelweiss und einem ungesunden Ehrgeiz, verkanteten sie sich dermassen in ihrem Gedankengerüst, dass man sie nicht einmal mehr mit dem Schweissbrenner hätte befreien können, metaphorisch gesprochen. Konkret ausgedrückt hatten sie einfach ihre Bestimmung verfehlt und hätten zwar die Anlagen zu Weltklasseruderern oder Hammerhammerwerfern gehabt, doch da sie sich weder im einen noch im anderen versuchten, blieb ihnen nichts anderes übrig, als zu scheitern.

Exklusiv – der Feriengeheimtipp

Die schöne Stadt Portland ist nicht berühmt und auch keine anerkannte Touristenhochburg. Trotzdem empfiehlt ein wenig bekanntes, aber gar nicht übles Reisehandbuch die Destination allein schon wegen der unglaublich grossen Entfernung von zu Hause. Wer also möglichst weit wegwill, ohne Gefahr zu laufen, allzu viel erleben zu müssen, dem legt die Redaktion einen mindestens vierwöchigen Aufenthalt in Portland nahe. Ökologisch gesehen natürlich ein kompletter Unfug, doch für jene Snobs, denen urbaner Ennui das Must-Gefühl der Saison ist, ein Geheimtipp, der die beschwerliche Reise mehr als rechtfertigt. Zudem ist die Chance, Bekannte zu treffen, weit kleiner als jene, überfahren zu werden.

Gefahr der Gartenarbeit

Wer zu lange im Garten sitzt, läuft Gefahr, sich in einen Klumpen zu verwandeln, aus dem bei Gelegenheit schwer einzuordnende Geräusche dringen. Selbst wer sich der allgemein überschätzten Gartenarbeit nur mit äusserster Zurückhaltung widmet, rutscht leicht ins Trollige und Krauterhafte ab. Einzig das Ziehen von Gräben quer durch gepflegte Rasenpartien oder Gemüserabatten kann verhindern, dass der Mensch sich schon auf dem Trottoir nicht mehr zurechtfindet und, zwischen Beleidigung und Überempfindsamkeit schwankend, sich nach seiner Parzelle sehnt, die bei näherem Hinschauen und objektiver Beurteilung den ganzen Aufwand nicht wert ist. Darum sollte man bei schönem Wetter gelegentlich drin bleiben und fernsehen.

Salongespräche

Im literarischen Salon der Mathilde Zimmermann kamen jeden zweiten Mittwoch allerlei eher unbedeutende, dafür umso grossmäuligere Literaten, Künstlerinnen und Altliberale zusammen, um über gänzlich verstaubte und unbedeutende Themen Diskussionen zu führen. Diese entbehrten nicht nur jeder wissenschaftlichen Grundlage und minimalen Sachkenntnis, sondern wurden auch in einem ausgesucht gehässigen und beleidigenden Ton geführt, sodass sich selbst die Hunde in die Küche verzogen. Der gutmütigen Frau Zimmermann, der die Bande, nachdem sie gefressen und gesoffen hatte, auch noch ihren Wohlstand und Kunstsinn vorwarf, blieb nichts anderes übrig, als zu hoffen, dass die finsteren Zeiten auch in der Provinz nicht ewig dauern würden.

Erfinderlohn

Der Karstforscher Toni Bravado hatte in der Nähe des Bahnhofs von Moutier eine neue Gesteinsart entdeckt, die ihm einiges Kopfzerbrechen bereitete. Sie spottete nämlich jeder Beschreibung und war so bröcklig, dass man sie auf ausgesuchten Delikatessenmärkten in der Grossstadt ohne Weiteres als exklusiven Reibkäse verkaufen und dabei reich wie der Hutzliputz hätte werden können. Aber Toni Bravado war ein Forscher und kein Geschäftsmann, und so meldete er seinen Fund ordnungsgemäss bei der Bundesstelle für Sondersteine an, wo man ihm erst eine Gebühr auferlegte und dann die Lizenz entzog, um klarzustellen, dass solcher Bröckelkarst aus gutem Grund als unentdeckt gegolten hatte.

Vergangenheitsbewältigung

Niemand erinnerte sich mehr genau daran, wie es früher gewesen war, aber die meisten waren sich sicher, dass es besser gewesen sein musste. Um diesem Ärgernis ein für alle Mal ein Ende zu setzen, erfand Jim Grosshuber eine Zeitmaschine. Zumindest behauptete er das. Bei näherem Hinschauen handelte es sich um einen alten, finsteren, voll geschissenen Hühnerstall, in den er die interessierten Nostalgiker je nach gewünschtem Zeitalter zwischen zwei Stunden und drei Tagen einsperrte. Wenn die von Hitze, Kälte, Hunger und Durst Geplagten endlich wieder herauskriechen durften, hatten sie ein realistischeres Bild von früher und freuten sich am Hier und Jetzt.

Stadt für Farbenblinde

Bunte Häuser waren nicht nur Stadtplanerinnen und Architekten, sondern auch Farbenblinden seit längerem ein Dorn im Auge. Die einen sahen ihren ästhetischen Weltherrschaftsanspruch infrage gestellt, die anderen rannten ständig dagegen, weil sie ja Farbiges nicht sehen konnten, und holten sich so blaue Beulen, die ihnen auch nichts nützten, sondern ihren Aussenseiterstatus erst recht zementierten. Darum wurde die Behördeninitiative «Beige, Ocker und Siena» eingereicht, die von dem verluderten und vergnügungssüchtigen Volk, das sich an dem bunten Gemäuer auch noch freute, mit Verve bachab geschickt wurde. Ob dadurch das Stadtmarketing für immer verunmöglicht oder im Gegenteil völlig überflüssig geworden war, bleibt strittig.

Herzinfarkt am Susten

Der giftige Gümmeler Oskar Kreuzer hatte dieses Jahr schwer aufgerüstet und war jetzt mit einem multifunktionalen Touchscreen-GPS-Tracker ausgerüstet, mit dem er jede erdenkliche Fluktuation in seinem Wesen aufzeichnen und der Welt via Homepage, Facebook und Twitter mitteilen konnte. Die anfänglich tiefe Befriedigung, mehr oder weniger unschlagbar zu sein, was Trainingsfrequenz, Durchschnittsgeschwindigkeit und Höhenmeter anging, wich nach wenigen Wochen der bitteren Erkenntnis, von einem Hallodri mit dem Username Poltergeist abgehängt zu werden. Wenn Kreuzer gewusst hätte, dass dahinter sein unsportlicher und fettleibiger, dafür IT-gewandter Bürokollege Hofstetter steckte, der seine Wunderzeiten frei zusammenhackte, hätte sich der Herzinfarkt am Sustenpass vielleicht vermeiden lassen.

Olympisches Komitee, Lausanne

Auch für London 2012 wurde das Stubenhocken nicht als olympische Disziplin zugelassen, so wenig wie für Sotchi 2014 oder wo immer diese Leuteschinderveranstaltung in Zukunft abgehalten werden sollte. Obwohl es eine der ganz wenigen Disziplinen war, die sommers wie winters ausgeübt werden konnte. Der Weltspitze wäre es gar zuzutrauen gewesen, mehrere Olympiaden hintereinander auszusitzen. Doch für einmal war nicht das korrupte und auf schnellen Gewinn ausgerichtete Gremium, das über die Aufnahme entschied, allein an dem skandalösen Umstand schuld. Die Stubenhocker hatten es, obwohl ihr Zentralkomitee in Lausanne domiziliert war, just gegenüber jener zwielichtigen Behörde, einfach nicht geschafft, die Bewerbungsunterlagen hinüberzutragen.

Reden an den Hund

Die Klage, dass es immer mehr Vorschriften und Verbote gebe, gehörte zu den liebevoll gepflegten Steckenpferden von Albert Haubensack. Nichts konnte ihn höher auf die Palme bringen als Berichte über geplante Gesetzesrevisionen oder Erweiterungen des Bussenkatalogs. Dann griff er in die Tasten, schrieb Leserbriefe und Hate-Mails, rief bei Lokalsendern an, und sogar sein Hund wurde nicht verschont. Ihm trug er brillant formulierte Brandreden über die Meinungs- und Bürgerfreiheit vor. Doch als eines Morgens der Nachbar auf seinem Vorplatz eine Monstrosität installierte, die er dann auch noch als Kunst bezeichnete, konnte es ebenjener Haubensack nicht fassen, dass so etwas erlaubt war.

Funktionsfaserhüllen für alle

Das Wandern erfreute sich, obwohl es spätestens seit der Erfindung des Fahrrades jeder zweckmässigen Grundlage entbehrte, so grosser Beliebtheit, dass der Verkauf von Regenjacken zu einer regelrechten Industrie herangewachsen war, die solche Ausmasse erreicht hatte, dass befürchtet wurde, der Planet könnte in Schieflage geraten, wenn all diese Funktionsfaserhüllen eines schönen oder eben nicht so schönen Tages gleichzeitig getragen und ausgeführt würden. Doch Professor Zinkweiss konnte, als Skeptiker bereits begannen, diese populäre Zeitverschwendung als hinterwäldlerisch und asozial zu verketzern und zu verteufeln, nachweisen, dass keine Gefahr bestand, weil die Anzahl der gekauften Jacken die der wandernden Personen um das Dreizehnkommafünffache überstieg.

Wegen Wetter geschlossen

Den Erwerb einer Saisonkarte für die städtischen Badeanstalten sollte Huwyler bald bitter bereuen. Schuld daran war das Wetter. Denn nur bei schlechtem Wetter war es in so einer Anstalt überhaupt auszuhalten. Kaum schien die Sonne, rottete und pulkte sich dort ein Bevölkerungsquerschnitt zusammen, dessen Anblick sich nicht einmal durch den Verzehr eines der feilgebotenen Glaces versüssen liess. Wegen der Sparmassnahmen, die unter anderem ergriffen worden waren, um genau solche Querulanten wie Huwyler zum Umzug in Randgemeinden zu bewegen, blieben die Bäder immer häufiger schon bei zweifelhaftem Wetter geschlossen. So konnte sich Huwyler seine Saisonkarte bereits im Juli sonst wohin stecken.

Landleben

Der Umzug aufs Land brachte für Messmer nicht die erwartete Harmonie und Zuversicht. Was daran lag, dass er keiner Ganztagsbeschäftigung nachging und darum von der ansässigen Landbevölkerung, sofern es sich nicht um Zuzüger handelte, die sich keinen Millimeter über den mit Billighypotheken finanzierten Grundbesitz hinaus für ihre Umwelt interessierten, schief angeschaut und mit einer an Grobheit grenzenden Höflichkeit behandelt wurde. Auch die rustikale Lebensweise erwies sich nicht als erfüllend, sondern bloss als mühsam. Als an einem frischen Mittwochmorgen dann auch noch der Pumpenschwengel abbrach, warf Messmer das Handtuch und zog, der Landluft nachhaltig überdrüssig, in eine Kleinstadt nahe der Landesgrenze.

Kein Sackhüpfen in London

Seit das Sackhüpfen 1904 als olympische Disziplin abgeschafft worden war, hatte die Familie MacKracken die Spiele nicht mehr ernst genommen. Da nun aber ebendiese unmittelbar vor ihrer Haustür stattfanden, blieb ihr nichts anderes übrig, als interessierte Miene zu minderwertigen Sportarten zu machen. Schon krachten die Velofahrer in Wände, und die Schwimmer waren so schnell, dass sie nicht einmal nass wurden. Die MacKrackens schauten kopfschüttelnd von ihrem Balkon und drückten immer dann, wenn jemand Fünfter wurde, auf eine Pressluthupe. Das wiederum war dem Olympischen Komitee suspekt, das sofort einschritt und die Störenfriede nach Belgien ausschaffte, wo niemals Olympische Spiele durchgeführt werden.

Wetterpolitik

Die Niederschläge zogen mit Vehemenz über das Land und hinterliessen zwar keine Zerstörung, dafür aber lange Gesichter. Da die Bevölkerung sommers einen nirgends festgeschriebenen Anspruch auf Betätigung im Freien anmeldete, wusste man bei den zuständigen Amtsstellen, wie schnell die Stimmung kippen konnte. Zur Ablenkung der Regenmüden wurden verschiedene Krisen inszeniert und Untergangsszenarien prophezeit, damit die Leute froh wären, wenigstens im Trockenen zu sitzen. Doch weil Dankbarkeit und Bescheidenheit schon lange nicht mehr mit dem modernen Leben kompatibel waren, ging der Schuss kräftig in den Ofen, und hätte sich am fünften Tage nicht ein Azorenhoch durchgesetzt, die Situation wäre wahrscheinlich entgleist.

Nachtschnecken in der Badi

Die alte Badeanstalt bot einen beliebten Rückzugsort für all jene, die einerseits schlau genug waren, nicht im Sommer zu verreisen, und sich andererseits wenig darum scherten, wie ein gescheites Einkommen zu erzielen sei. Dazu kamen allerlei Pensionierte, Servicepersonal und Nachtschnecken, die an ihrer gepflegten Bleiche zu erkennen waren, die sie auch an der Sonne nicht ablegten. Weil es Eintritt kostete, waren auch keine Gratistaucher und Billiglieger zugegen. So herrschte während dreier Wochen auf einer sehr begrenzten Fläche, einer ausgewogenen Komposition aus Wiesen, Wegen und Holzrosten, eine fast schon überzuckerte Harmonie und Schwerelosigkeit, für die manches Zenkloster seine Novizen geopfert hätte.

Unter Rindviechern

Beim Betrachten der Rinder, die so lieblich auf der Weide herumstanden und derart sinnentleert in die Welt blickten, dass es ihn an seine Jugend gemahnte, verlor Unternährer einen Augenblick lang die Übersicht und verknickknackte sich mit hässlichem Geräusch den linken Knöchel. Da lag er nun im sumpfigen Weidland. Die Blicke der Rinder richteten sich auf ihn, sie schüttelten unverständig die Köpfe, denn sie waren überzeugt, dass Fehltritte mit Anmut und Eleganz ausgebügelt werden sollten. Unternährer aber wusste, dass in diesem Moment eine erfolglose Bergwandererkarriere zu Ende ging. Er schleppte sich unter Schmerzen zum Hospiz, wo man ihm das Bein absägte.

Aufstieg und Fall eines Hundes

Lange Zeit war Harry der berühmteste aller Hunde. Vom Mittelmeer bis fast an den Bodensee erzählte man sich seine Heldentaten: wie er eigenpfotig das Fundament für ein Kloster gegraben, Seen angelegt und ein Ungeheuer von nahezu drei Metern Länge dermassen verbellt hatte, dass es im Aostatal eine Tanzschule gründete. Er lebte beinahe sechzig Jahre lang, was ganz und gar unerhört ist für einen Hund dieser Grösse. Dann aber tauchte der Naseweis Barry auf, der ihm nicht nur den Namen abgekupfert hatte, sondern mit allerlei billigen PR-Tricks an seinem Ruhme nagte. Verbittert zog sich Harry auf den völlig unwegsamen Gotthard zurück.

Kollision mit Eichhörnchen

Das Grundbedürfnis, immer recht zu haben, auch dann, wenn es völlig unerheblich oder gar unerträglich war, verliess Dr. Zinkweiss völlig unerwartet, als er eines Tages im Stadtwald mit einem Eichhörnchen kollidierte. Der Blick, den ihm dieses während seiner Belehrungen in Sachen Rechtsvortritt und überlegene Spezies von schräg unten zuwarf, liess ihn dermassen schlingern, dass er in einer nahe gelegenen Pfütze landete und sich ordentlich einpflotschte. Vielleicht war es eine Art Heilschlamm, den er sich von der Stirn wischte, auf alle Fälle fielen Dünkel und Rechthaberei in dem Moment von ihm ab und fuhren in das Eichhörnchen, dem davon schlecht wurde.

Wer reinen Herzens ist

Der Grossfriedhof am Stadtrand war unverhofft ins Zentrum gerückt, was bei Immobilienspekulanten und Leichenfledderern heftige Begehrlichkeiten weckte. Sie rotteten sich in den rundherum aus dem Boden schiessenden Müttercafés und Väterbars zusammen und äugten gierig auf die vielen Quadratmeter unverbauter Fläche oder auf das, was darunter begraben lag. Doch die Friedhofsverwaltung war weder von gestern noch von schlechten Eltern und zog darum eine Mauer hoch, die nur überwinden konnte, wer reinen Herzens war. Danach herrschte erst mal Ruhe, wenn auch die Besucherzahlen massiv zurückgingen und der Stadtrat nur noch zu dritt antreten konnte, wenn es besonders verdiente Bürger zu verabschieden galt.

Einwanderungspolitik

In einem kleinen Dorf mit zwölf Einwohnern war es zu einer wahren Bevölkerungsexplosion gekommen, als die achtköpfige Sippe Hungerbühler dorthin zog und gar nicht daran dachte, sich den lokalen Sitten anzupassen. Als Erstes übernahmen sie die Dorfbeiz, als Zweites hoben sie die Polizeistunde auf, und als Drittes wurden sie gleich selber Polizei, und was fortan in diesem Dorf alles erlaubt war, das spottete jeder Beschreibung. Noch skandalöser waren jedoch die Verbote, vor allem jene gegen die Einwanderung von fremden Elementen, zu denen alle zählten, die nicht Hungerbühler hiessen. Zum Glück starben diese aufgrund dieser Gesetze innert eineinhalb Generationen vollständig aus.

Identitätsschwund

Zur Erneuerung der Wasserleitungen an Leimgrubers alter Hütte hatte die ehemalige Kiesverwertungsgesellschaft an dessen Strasse ein Monstrum von einer Baumaschine abgestellt, das morgens früh schon beachtlich losbrummte und mittels einer raffinierten Rüsselkonstruktion die alten Rohre unter Leimgrubers Vorplatz wegsog. Leimgruber, der sich derartiger Hochtechnologie im Strassenbau keineswegs bewusst gewesen war, staunte nicht nur, er zitterte sogar, weil er fürchtete, es werde ihm mit seinen Abflussrohren auch der Rest seiner dahinschwindenden Identität als Alteingesessener abgesogen. Darum war er beruhigt, als am frühen Nachmittag ein mit einer Spitzhacke bewehrter Mann seine Kellermauer durchbrach und das Haus auf traditionelle Art zum Einsturz brachte.

Warum Tourismusdirektoren schlecht schlafen

Statt wochenlang Ferien in verschneiten Bergdörfern zu machen, die sich während der Saison in überteuerte Fantasiewelten für mit Autos der gehobenen Mittelklasse angereiste Bürger jener EU-Länder verwandelten, die den Karren ziehen mussten und die darum über immer weniger Heiterkeit und Gelassenheit verfügten, fuhr Arnold tageweise und per Eisenbahn in diese atemberaubenden Berglandschaften, verstopfte ungeniert die Aussichtsterrassen und zertrampelte die Winterwanderwege, ohne einen nachhaltigen wirtschaftlichen Beitrag an die Infrastruktur zu leisten. Dieses schmarotzerhafte Ausflügeln, das ausser von ihm noch von Horden gut verrenteter Junggreise, die darüber hinaus noch von Rabatten profitieren, betrieben wurde, war der Grund, weshalb mancher Tourismusdirektor schlecht schlief.

Krümmen – oder nicht krümmen?

Beim alljährlichen Rückenkrümmungsseminar herrschte diesmal besondere Aufregung, weil kein Geringerer als Professor Zinkweiss in einem alles niedermähenden Referat zu beweisen suchte, dass sich der menschliche Rücken gar nicht krümmen liess. Während die Turnlehrer empört «Schiebung» riefen, bildete sich unter dem Laienpublikum rasch eine zahlreiche Anhängerschaft, der diese ganze Verbiegungsgymnastik schon immer als reine Schikane und völlig wider die menschliche Natur erschienen war. Zinkweiss führte das Stehen, Liegen und Sitzen mit starrer Wirbelsäule vor, ja selbst das Schuhebinden funktioniere einwandfrei. Erst als ein Blumentopf geflogen kam, brachte der Professor seinen wertvollen Schädel mittels blitzschnellen Rückenkrümmens in Sicherheit und war somit widerlegt.

Schwerelose Gummibärchen

Dem regenreichen Montag war ein Wochenende vorangegangen, an das sich die wenigsten erinnern konnten, weil es verdammt hell gewesen war. Wenn es hell ist, nimmt das Erinnerungsvermögen die Konsistenz und Farbe halb gelutschter oranger Gummibärchen an, nicht aber deren Klebrigkeit, sodass fast nichts hängen bleibt. Das war insbesondere für Heuberger ärgerlich, hatte er doch zur Tagesmitte des Sonntags etwas herausgefunden, das ihm das Leben fortan nicht nur leichter, sondern geradezu schwerelos gemacht hätte. Doch weil er am Montag schon wieder in den alten Trott verfallen war, verflüchtigte sich seine Erkenntnis in ein stechendes Hellblau und wurde von gelbschwarzen Vögeln gefressen.

Wieder mal die Kante geben

Dass in der Nachsaison nicht nur alles schöner, sondern auch billiger und besser ist, wussten zwar die meisten Leute, aber weil sie genötigt waren, Ferien zu machen, wenn die Vorgesetzten oder die Lehrerschaft es diktierten, nützten ihnen diese Erkenntnisse einen alten Strohhut, genau so einen, wie sie ihn am Strand trugen, an dem sie über die Beine ihrer Miturlauber stolperten, aber, und das gab Heitersberg zu denken, nie über diejenigen von Vorgesetzten oder Lehrkräften, sodass er langsam den Verdacht hatte, dass diese den ganzen Saisonzauber nur vortäuschten, um sich den Sommer durch in stickigen Kellerlokalen massiv die Kante zu geben.

Flaschengrün

Der See lag in seinem spätsommerlichen Flaschengrün zwischen den beiden Schnellstrassen, als hätte er nichts Besseres zu tun. Die Segelboote dümpelten in übelster Freizeitmanier darauf herum, die Motorboote frästen mit grösster Entbehrlichkeit dahin. An den Ufern ballte sich das hautverbrannte Fussvolk und liess sich nicht abhalten, herumzuturnen oder den See zu betreten, wobei die meisten rasch untergingen. Die Dampfschifffahrt hatte die ahnungslosen Touristen eingebüchst und tuckerte mit ihnen irgendwohin, wo reiche Leute wohnten, die nie zu Hause waren. Niemand wagte, es zu sagen, aber so ein See war eine komplette Platzverschwendung und in der heutigen Zeit überhaupt nicht mehr existenzberechtigt.

Adelskrise

Auf Schloss Borstenstein fror sich das Personal die Zehen ab, weil die Herrschaft wie jedes Jahr vergessen hatte, rechtzeitig Brennholz zu bestellen. Was heisst hier vergessen, sie konnten es sich schlicht und einfach nicht mehr leisten. Nachdem der vierzehnte Graf von und zu Borstenstein auch noch den letzten Rest des über Jahrhunderte zusammengerafften Vermögens in ein windiges Solarenergieunternehmen gesteckt und mit Hurra verloren hatte, war seine Gattin mitsamt dem Nachwuchs ins Toggenburg gezogen und hatte einen anderen Namen angenommen. So sass der hochgewachsene Pleitier nun in seinem ungeheizten Dachzimmer und bereute, dass er nicht rechtzeitig in die Politik gegangen war.

Eintauchen in die langen Regenfäden

Der Dauerregen hatte den angenehmen Nebeneffekt, dass kein Mensch, der nicht wirklich wollte, nach draussen ging. Die Unverdrossenen hingegen wurden durch das Eintauchen in die langen Regenfäden nicht nur durchsichtiger, sondern auch gutmütiger. Sie schwebten aneinander vorbei, ohne sich anzurempeln, und wenn es ihnen dadurch nicht aufs Haupt geregnet hätte, hätten sie voreinander die Hüte, Kappen und Kapuzen gezogen. Das stetige Plätschern und Gurgeln des Niederschlags schluckte zudem fast alles Geräusch, sodass es bei diesem Wetter ungleich erquickender war, durch die Strassen zu laufen, als bei Sonnenschein, der doch nur die Lauten, die Grellen und die Aufdringlichen ins Freie lockte.

Die Bürolotterie

Seit die Verkehrsbetriebe dazu übergegangen waren, die Nummern ihrer Linien allmorgendlich auszulosen, um so die Bevölkerung zu modernen, flexiblen Menschen zu erziehen, die mit kreativen Problemlösungen aufwarten konnten, selbst wenn es sie nach Wollishofen verschlug, waren die Pendler tief gespalten. Nicht wenige beharrten darauf, die gewohnten Linien zu verwenden und sich nicht von geografischen Abweichungen beirren zu lassen. Sie gingen einfach in das nächstbeste Büro und machten dort, was sie immer taten. Das funktionierte erstaunlich gut, sofern nicht eine Person auftauchte, die sich den beschwerlichen Weg durch den Nummerndschungel gebahnt hatte und nun ihren angestammten Arbeitsplatz mit roher Gewalt zurückheischte.

Geheimdienste unterlaufen

Durch einen Werbeflyer mit Cashback-Angebot für Laserdrucker in einen Bürogrossmarkt gelockt, überkam Bruggenbacher daselbst das dringende Bedürfnis, einen Aktenvernichter zu erstehen. Er wählte ein Modell für den semiprofessionellen Einsatz, und zu Hause angekommen, hielt seine Begeisterung für die Neuerwerbung so lange an, bis er sie in Betrieb setzen wollte und feststellen musste, dass er keinerlei Akten besass, die er vernichten könnte. Des schönen Geräuschs halber fütterte er der Maschine eine Packung Druckerpapier, sah aber ein, dass dies nicht nachhaltig war. Darum beschloss er, jede E-Mail, die er je bekommen hatte, auszudrucken und zu vernichten und so die Überwachung zu unterlaufen.

Signez ici und Rien ne va plus

Mit dem Scheckheft zu wedeln, ist zwar eine charmante, hierzulande aber längst aus der Mode gekommene Marotte, während im benachbarten Frankreich mit störrischer Zuneigung am sperrigen Zahlungsmittel festgehalten wird. Weil aber die Handschrift nicht mehr zu den Fähigkeiten breiter Bevölkerungsschichten zählt – war sie doch nur eine mühselige und halbherzige Zwischenlösung, derer sich jede Zivilisation noch so gerne entledigte –, kommt es beim Ausfüllen der Schecks immer wieder zu nicht zu unterschätzenden Verwirrungen und Behinderungen, die der Wirtschaft des Landes derart zusetzen, dass die einst stolze Nation heute noch bestenfalls als Wackelkandidat in der gnadenlosen Hackordnung der Europäischen Union belächelt wird.

Der Nachtfolgenforscher

Das Prinzip, bei Dunkelheit das Haus nicht zu verlassen, hatte Gröbenstolz schon viel Ärger erspart. Er geriet nicht in Gefahr, der immer raffinierter zur Enteignung der genuss- und vergnügungsaffinen Bevölkerungsschichten schreitenden Gastronomiebranche auf den Leim zu gehen oder auf der Eisglätte auszurutschen, die sich frühmorgens auf dem Trottoir auf die Lauer legte, um unbarmherzig die Arbeitswilligen und Lauffreudigen zu schrägen, die sich, anstatt ihr Einkommen oder ihren Body-Mass-Index zu verbessern, eine schmerzende Hüfte einfingen. Gröbenstolz hingegen blieb in seiner guten Stube vollkommen unversehrt, und wenn es dann endlich hell wurde, ging er frohgemut nach draussen, wo er unterschätzte Nahverkehrsphänomene erforschte.

Pfannenschmelzen im Blautannental

Der Niedergang des traditionellen Pfannenschmelzens im hinteren Blautannental wäre nicht aufgefallen, wenn nicht kurz vor der nächsten Punktesammelaktion eines drei Täler weiter angesiedelten Supermarktes der Landammann einen geharnischten Brief an sämtliche Behörden geschickt hätte. Während sich das Pfannenschmelzen früher auf wenige Tage im Jahr beschränkt hatte, da praktisch niemand eine besessen hatte, war das idyllische Tal in den letzten Jahren dermassen mit Billigpfannen überschwemmt worden, dass deren Schmelze einen beträchtlichen Teil der einheimischen Vollzeitstellenäquivalente absorbierte. Dadurch war die Gegend dermassen verlottert, dass nicht einmal mehr Wanderer kamen. Die Behörden reagierten prompt und riegelten das Blautannental komplett von der Aussenwelt ab.

Plan Lumière

Dank eines dreitägigen Onlinekurses in Elektrotechnik glaubte sich Renzenschwiler befähigt, bei der Verdrahtung seines Gartenhäuschens selbst Hand anzulegen. Er gedachte nämlich, eine Elektrifizierung anzuteigen, die sich gewaschen hatte und alles, was die umliegenden Kleingärtner an Lampengirlandenketten, Festtagsfunkelfunzeln und Alarmkreischgeräten installiert hatten, wenn nicht in den Schatten stellen, so doch in grellstes LED-Licht tauchen würde. Mit meterweise Kabel aus dem Hobbycenter und einem Phasenprüfer ausgerüstet, machte er sich ans Werk, verlor aber schon bei der ersten Relaisverzweigung einigermassen die Übersicht, und als er drei Tage später den entscheidenden Schalter feierlich umlegte, verdunkelte sich nicht nur seine Miene, sondern der ganze Stadtteil.

Kommentarschlachten

Erschöpft von tagelangen, heftig geführten Kommentarschlachten auf den einschlägigen sozialen Medienplattformen und ihren trillernden Nebenschauplätzen, sank Kornblum müde in sein durchgesessenes Sofa und fragte sich, ob es sich denn wirklich lohne, seine ganze Energie in Debatten zu vergeuden, die sich meist um Themen drehten, die ihn umso weniger angingen, als er kaum noch Zeit fand, das Haus zu verlassen, und somit in der Welt, in der all diese Fragen eine Rolle spielten, nur noch sehr bedingt zu Hause war. So trat er unverdrahtet hinaus ins Freie und fiel, von der Sonne geblendet, in die Gosse, wo das wahre Leben pochte.

Vestiment

Der in seiner Kauzigkeit langsam Meisterschaft erlangende Schlingengruber hatte sich beinahe selbst übertroffen, als er am Donnerstag kurz vor Mittag die Innenstadt heimsuchte, um einen Mantel zu erstehen, der jeder Vorstellung spottete. Natürlich führten die Filialen internationaler Bekleidungskonglomerate, die den Fachgeschäften und der Individualität erfolgreich den Garaus gemacht hatten, zwar jede Menge unbeschreiblicher Gewänder, doch nichts, das auch nur im Entferntesten dem entsprach, was Schlingengruber zu wollen überzeugt war. So entspann sich manch unangenehmes und hitziges Beratungsgespräch, das nicht selten damit endete, dass der Kunde von den Sicherheitskräften, die eigentlich zum Weichprügeln der diebischen Jugend angestellt worden waren, hinausgeworfen wurde.

Vereinsmeiereien

Im Hinblick auf die bevorstehende Generalversammlung des Vereins für Vereinspflege herrschte hektische Aktivität im Vorstand. Alles musste perfekt klappen, denn sonst blamierten sie sich bis auf die Knochen vor all den Vereinen, die den ihren nie richtig akzeptiert hatten, weil sie ihm unterstellten, einen puren Selbstzweck zu verfolgen. Das war schwerlich abzustreiten, doch der Vorstand war überzeugt, dass es einfach nicht sein konnte und durfte, dass es Menschen, die keinerlei Interesse an den von den anderen Vereinen angebotenen Betätigungen hatten, vorenthalten bleiben sollte, sich der Vereinspflege zu widmen, und die sich unaufhaltsam dem zweistelligen Bereich annähernde Mitgliederzahl gab ihnen recht.

Schnäppchenjäger

Die besten Kauftipps holte sich Schoschauer im Internet. Nie zuvor war es ihm gelungen, so viel Geld zu sparen, da er in nächtelangen Recherchen stets den absolut niedrigsten Preis zu erforschen in der Lage war. Was eben noch als unerreichbares Luxusgut galt, war nun plötzlich erschwinglich, ja gar wohlfeil. Dieses enorme Sparpotenzial euphorisierte Schoschauer dermassen, dass er sich Dinge zulegte, von denen er nicht einmal gewusst hatte, dass es sie gab. So wurde er zu einem der bestausgerüsteten Tagesausflügler des Landes, doch erwies sich das Zusammenpacken der ganzen Ware als derart aufwendig, dass es Abend war, bevor er aufbrechen konnte.

Herr im Himmel!

Die langjährigen Bemühungen des atheistischen Meteorologen Morgentaler, den Eisheiligen ihren Status abzusprechen und sie zu hundskommunen Schlechtwettertagen zu erklären, scheiterten nicht nur kläglich, sie stiessen auf heftigen Widerstand. Neben den unvermeidlichen Traditionsbewahrerinnen und Abendlanduntergangspropheten stimmten auch verschnupfte Wetterschmöcker und unzählige Onlinekommentatoren in den Chor ein und fragten, ob er denn nichts Besseres zu tun beziehungsweise keine wichtigeren Sorgen habe. Die hatte er sehr wohl und nicht zu knapp, nur hatten diese nichts mit seinem Anliegen zu tun, weshalb er sie für sich behielt, anstatt sie per Social Media herumzuposaunen. Gerade darum blieb Morgentaler zeitlebens so unbeliebt wie die Eisheiligen selber.

Terrakottatopf im Suppenhimmel

Das als Suppenhimmel bekannte Lokal im Süden der Stadt war wie immer gut besucht, als Faltermeier durch die Tür trat. An einem Tisch weit hinten in der Ecke, zwischen Papyrus und Toilettenabgangstrennwand, sah er die beiden beisammensitzen. Sie bemerkten ihn nicht, weil sie nur Augen füreinander hatten. Wie die beiden sich den herzhaften Appetit, mit dem sie assen, zugelegt hatten, wollte er gar nicht wissen, ahnte es aber. So schlich er sich hinter die Trennwand, hob den Papyrus hoch, und als der schwere Terrakottatopf auf Dr. Schremplers Schädel aufschlug, knackte es im Suppenhimmel, und hundert Löffel fielen gleichzeitig zu Boden.

Zwei Enten

Der Zwischenhalt in dem heruntergekommenen Badeort erwies sich als Glücksfall. Zwar waren die Thermen längst erkaltet, und der See war eben auch nur das, ein See, und Seen hatte er in seinem Leben weiss Gott genug gesehen. Die darum herum drapierten Berge mochten für Wanderer, Mountainbiker und andere Menschen, die nicht still sitzen konnten, attraktiv sein, er nahm sie nicht einmal richtig wahr. Was ihn entzückte, war die Begegnung mit zwei Enten, die sich im Garten der Pension eingenistet hatten, in der er länger blieb als geplant, und die derart verständig dreinschauten, dass er den Glauben an das Gute wiederfand.

Strandschwindel

Als die Hitzewelle die Stadt endlich erreichte, wurde sie mit der vorhersehbaren Euphorie begrüsst. Kaum eine andere Naturkatastrophe erfreute sich derartiger Beliebtheit. Die Bevölkerung verfiel in kollektive Infantilität und stellte begeistert den von den Reiseveranstaltern fünfzig Jahre zuvor erfundenen Strandschwindel nach. Dazu gehörten das lang gestreckte Ausharren an der prallen Sonne sowie das Zusichnehmen klebriger alkoholischer Getränke, ohne die sich Zweifel an der Erträglichkeit dieses Tuns nicht verdrängen liessen. Es herrschte angespannte Zufriedenheit, die jegliche sinnvolle Betätigung im Keim erstickte und so der Wirtschaft den längst fälligen Schaden zufügte, ohne den das ewige Wachstum gar nicht zu verkraften gewesen wäre.

Das einfache Leben

«Die guten Zeiten», sagte Jean-Pierre, der Strandschreck, zu Mathilde, der Frittenbudenbetreiberin, «sind vorbei.» – «Ach was», antwortete diese, «das ist doch nichts als dummes Geschwätz. Die Zeiten waren nicht besser, nur einfacher.» – «Wo ist denn da der Unterschied?», wollte Jean-Pierre wissen. «Wir sind hier am Strand. Am Strand ist das Einfache König.» – «Gewiss, aber nicht jeder König ist ein guter König. Mir, das gebe ich gerne zu, hat das einfache Leben nur Kummer bereitet, weil sich dabei viel innerer Müll anhäuft, der dann im Winter aufquillt.» – «Ich bin im Winter immer Skilehrer», brummte Jean-Pierre unbedarft. «Genau das meine ich», seufzte Mathilde.

Aufgelöst in der Masse

Die Teilnahme am Massentourismus ist ein fragwürdiges Unterfangen, an dessen Nützlichkeit vor allem nach den grossen Ferien vielerorts erhebliche Zweifel aufkommen angesichts leerer Reisekassen, juckender Ausschläge, absolvierter Staustunden und eines allgemein schwer zu verdrängenden Gefühls, ausgenommen und übers Ohr gehauen worden zu sein, das sich insbesondere bei der Betrachtung des aus der Feriendestination heimgeschleppten Gerümpels einstellt, dessen einstige Attraktivität und Anziehung niemand mehr nachvollziehen kann. Doch das Vergnügen, sich in der Masse aufzulösen, in Badekleidung eine schlechte Figur zu machen und Unterlassungssünden am Laufmeter zu begehen, ist eines mit Tiefenwirkung, nach dem sich die meisten bereits vor Weihnachten wieder sehnen.